MUSICIAN NOTEBOOK

T0056521

ISBN 978-1-4584-6558-0

HAL•LEONARD® CORPORATION

7777 W. BLUEMOUND RD. P.O. BOX 13819 MILWAUKEE, WI 53213

Visit Hal Leonard at **www.halleonard.com**
Visit Fender at **www.fender.com**

OFFICIALLY
LICENSED

Fender

Fender

Fender

Fender

TAB

TAB

TAB

TAB

TAB

Fender

Fender

Fender

Fender

Fender

Fender

Fender

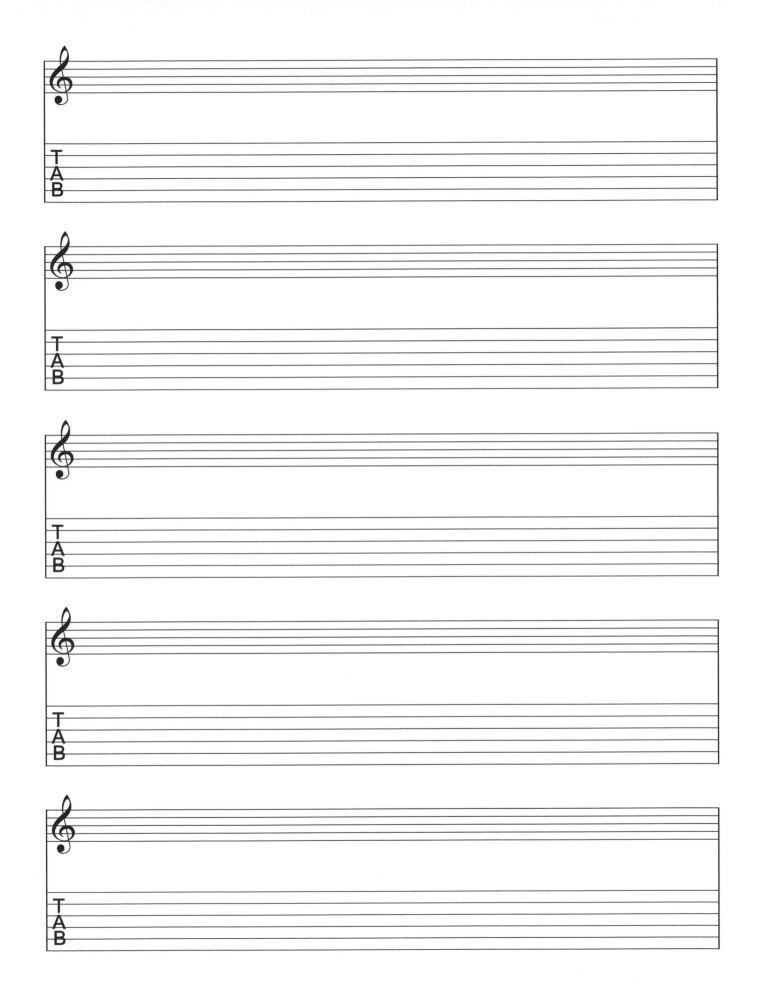

Fender

Fender

Fender

Fender

Fender

Fender

Fender

Fender

Fender

Fender

Fender

Fender

Fender

Fender

Fender

Fender

Fender

Fender

Fender

Fender

Fender

Fender

Fender

Fender

Fender

Fender

Fender

Fender

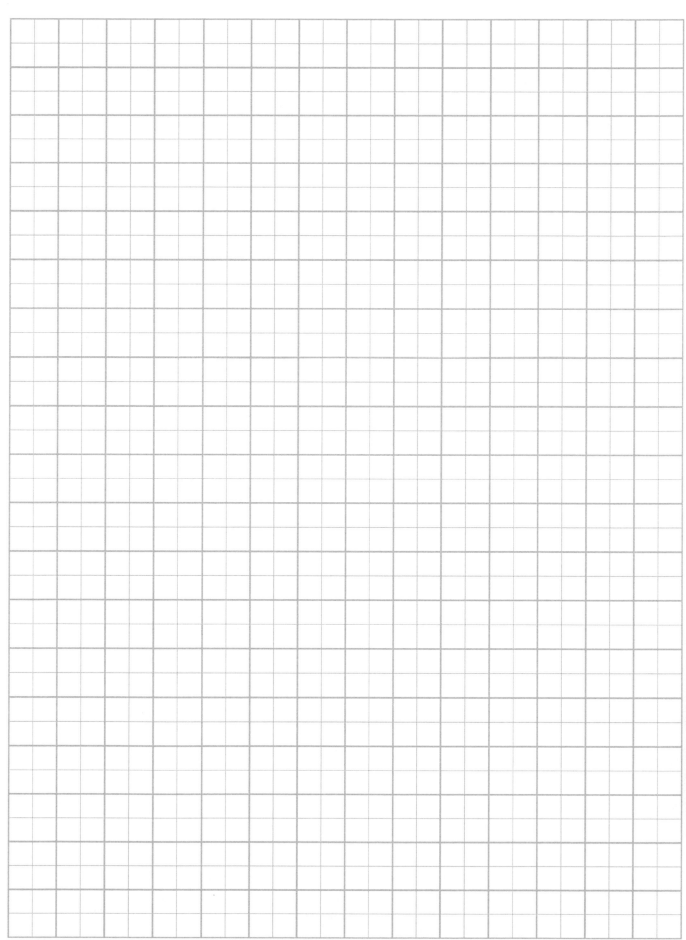

Fender

Fender

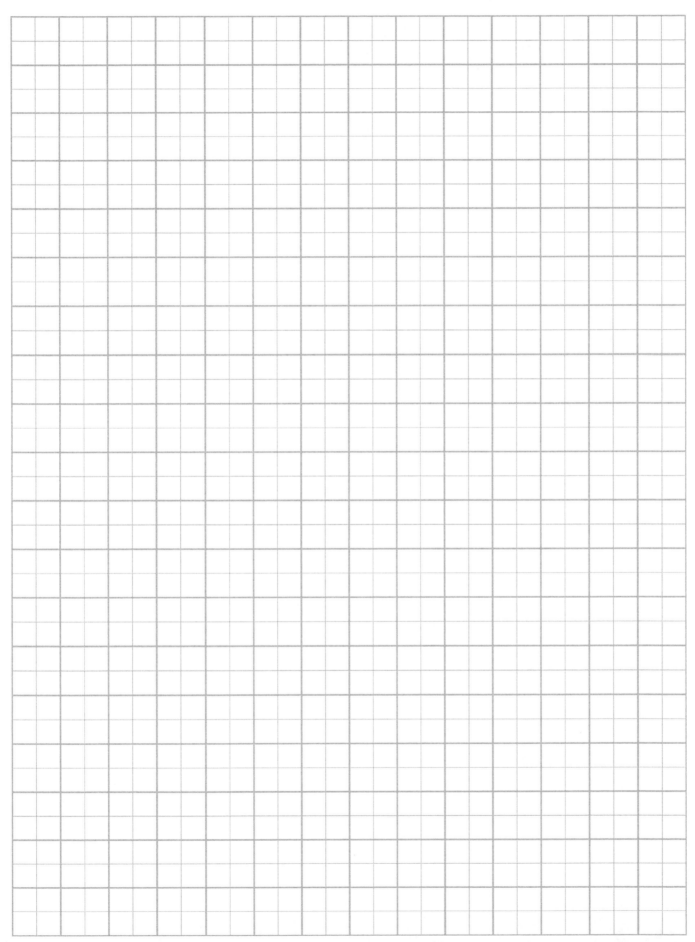

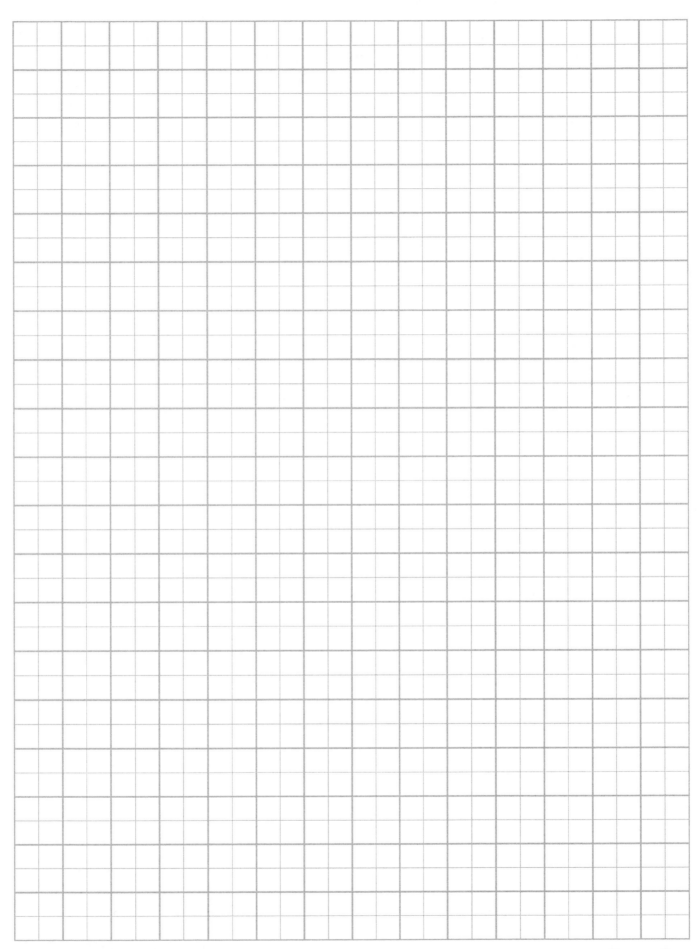

Fender

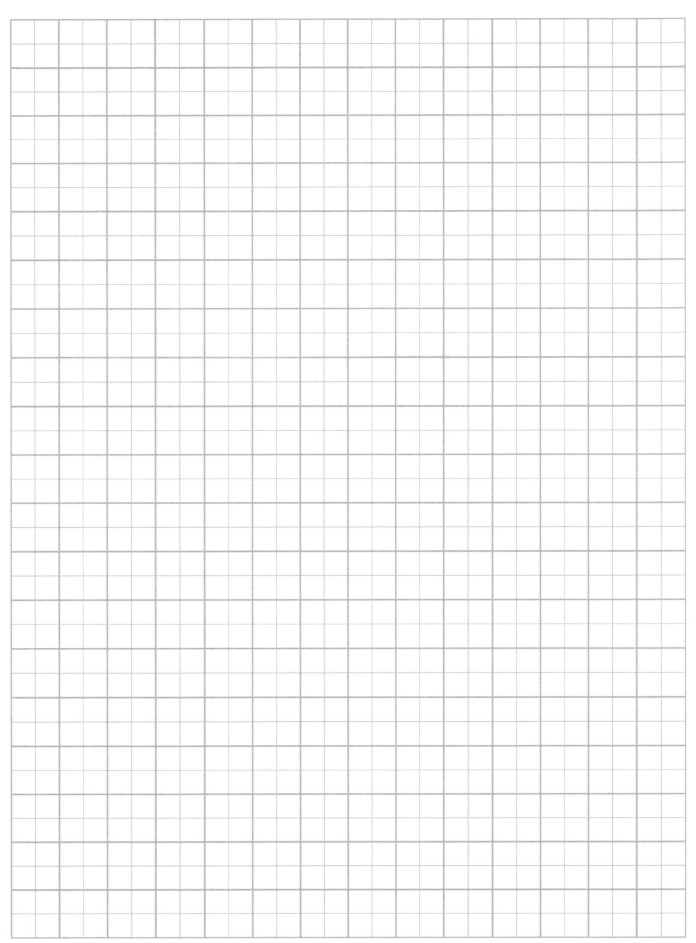

Fender

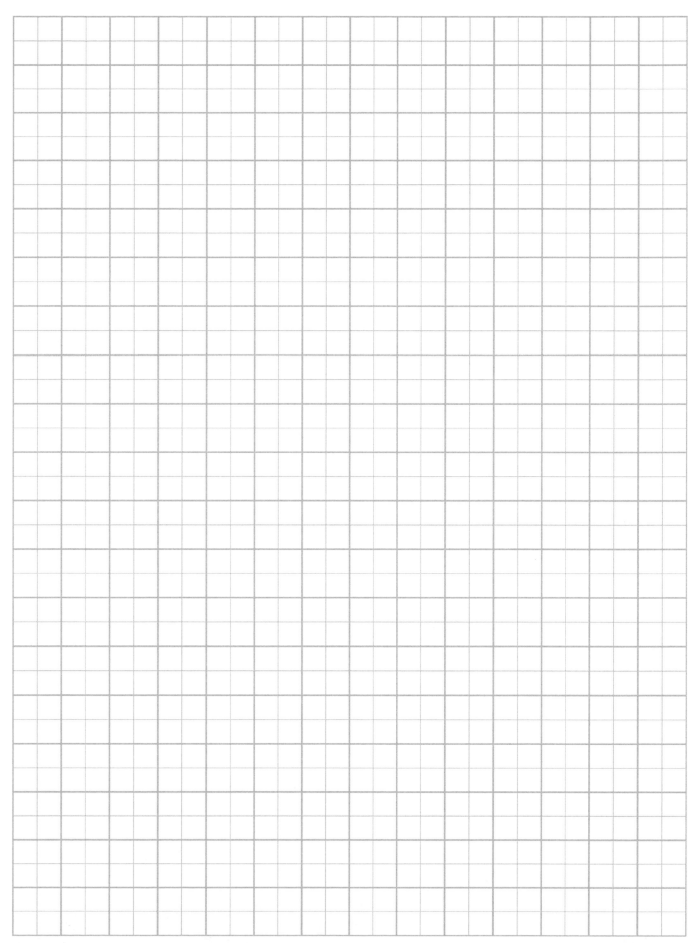

Fender

Fender

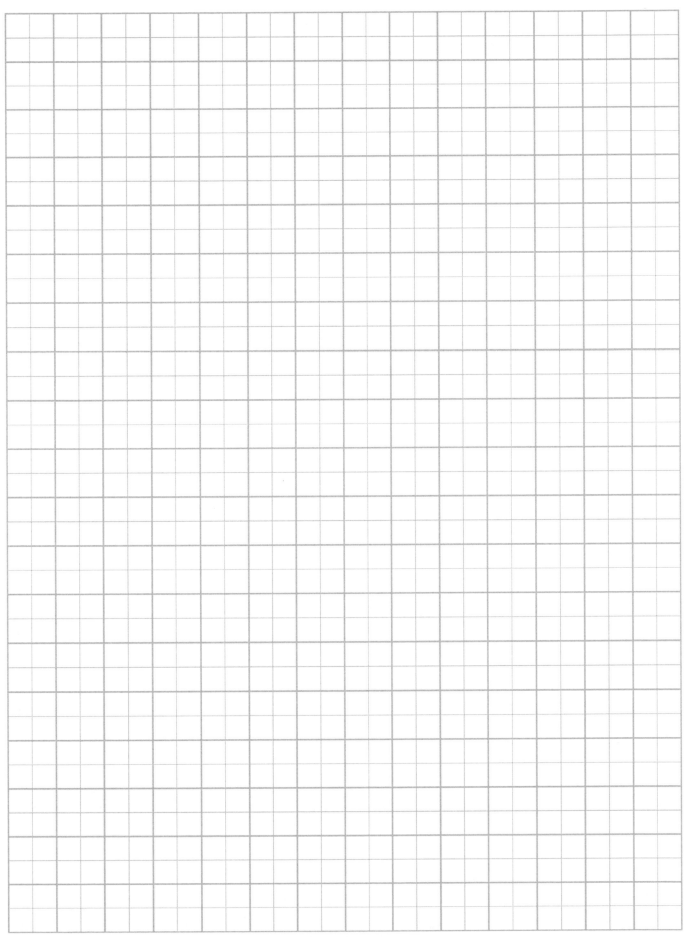

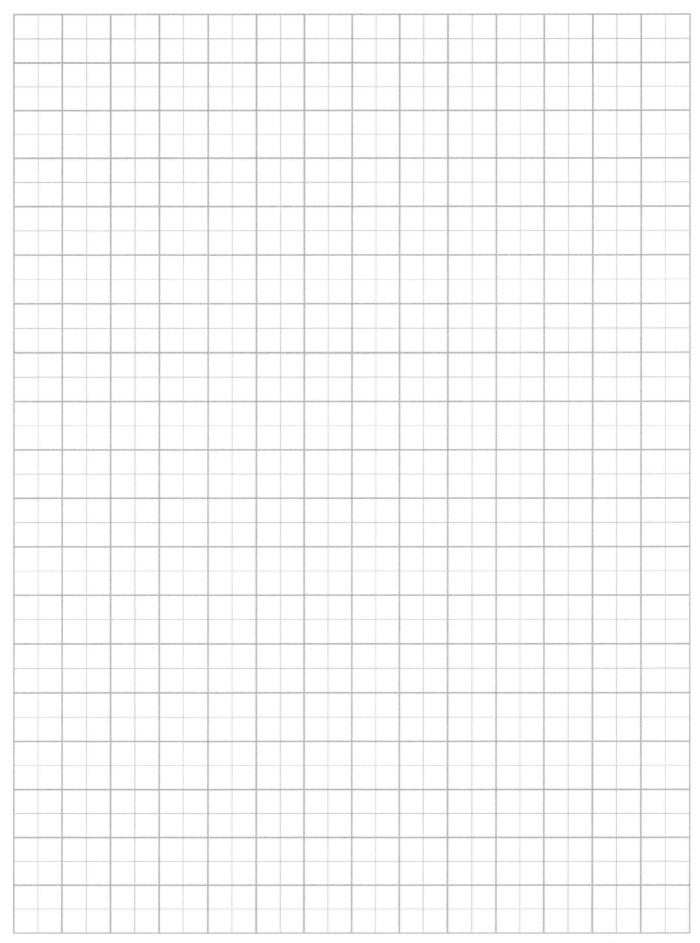

Fender

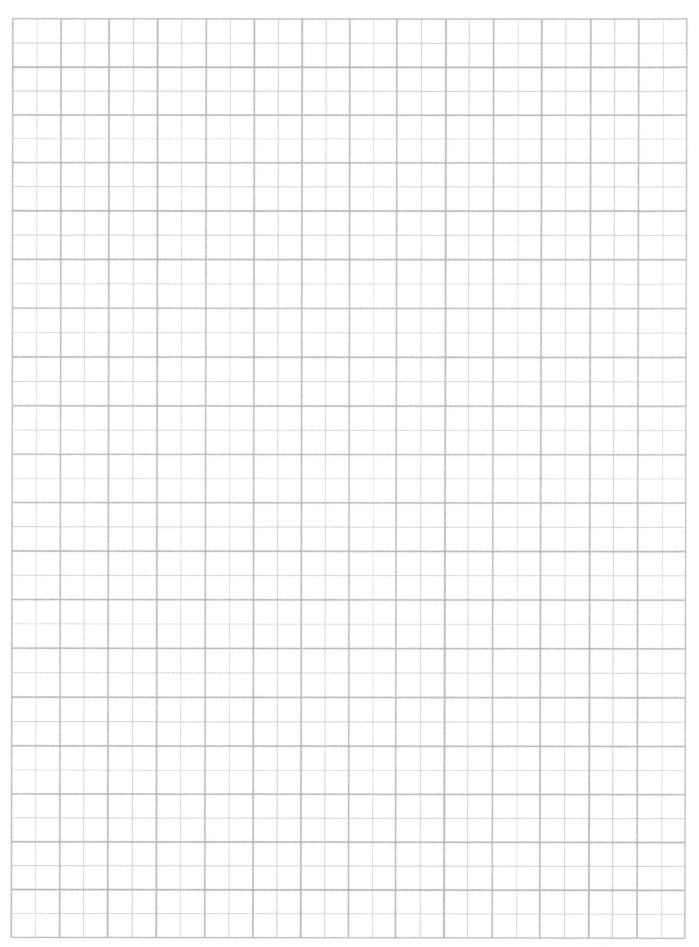